우암동 블루스

우암동 블루스

초판인쇄 2025년 9월 3일
초판발행 2025년 9월 3일
지은이 심경주
펴낸이 이해경
편집 길민정
펴낸곳 (주)문화앤피플뉴스
등록번호 제2024-000036호
주소 서울 중구 충무로2길 16, 4층 403호 (충무로4가, 동영빌딩)
대표전화 02)3295-3335
팩스 02)3295-3336
이메일 cnpnews@naver.com
홈페이지 cnpnews.co.kr

정가 10,000원
ISBN 979-11-94950-07-3 (03810)

※ 이책은 전부 또는 일부 내용을 재사용하려면 반드시 저작권자와 도서출판 문화앤피플의 동의를 받아야 합니다.
※ 이 도서의 국립중앙도서관 출판시도서목록(CIP)은 서지정보유통지원시스템 홈페이지(http://seoji.go.kr)와 국가자료공동목록시스템 (http://www.go.kr/kolisnet)에서 이용하실 수 있습니다.
※ 이 책은 교보문고와 연계하여 전자책으로도 발간되었습니다.
※ 이 책은 국립중앙도서관 홈페이지에서 검색 가능합니다.
   잘못 만들어진 책은 바꿔드립니다

우암동 블루스

심경주 시집

문화앤피플

/ 작가의 말 /

연기를 하는 것과 연극 무대에 서는 것은 확연히 다르다. 연기는 혼자서도 카메라 앞에서도 할 수 있지만, 무대는 지근거리에 있는 관객 앞에서 같이 호흡하는 것이다. 관객과의 소통이 없는 무대가 무슨 의미가 있겠는가? 시를 쓴다는 것과 시집을 낸다는 것도 같은 맥락이다. 시를 쓰면서 자신을 표현하고 위로를 받으니 그것은 행복한 시간이었다. 그런데 시집을 낸다는 것은 철저히 독자를 배려하는 일이다. 독자에게 웃음 한 조각, 뭉클한 여운 한 움큼 주지 못한다면 독자의 시간을 무단히 뺏는 것이 아니고 무엇이겠는가? 그래서 부끄럽고 한편 몹시 두렵다.

일본 강점기 때부터 개발 시대에 이르는 동안, 부산에 우암동 같은 달동네가 어디 한두 곳이었으랴마는, 우암동에는 일제강점기 소 막사 시대부터 잘 발달한 도로와 철도 인프라가 있었고, 해방 후 귀환 동포, 전쟁 피난민, 이북 동포, 반공 포로가 길쭉한 소 막사에 촘촘한 칸막이를 설치하여 가구별 생활공간으로 사용한 독특한 주거 형태를 가지고 있었으며, 개발 시대에는 경상도 전역 시골의 선남선녀가 꿈을 찾아 몰려온 특이한 역사를 가진 곳이다. 그런 의미에서 우암동 이야기는 시대를 관통하는 한국인의 삶의 흔적이 집약된 우리 모두의 이야기가 될 수 있다. 우리의 어린 시절, 우리들 부모와 선조들이 급박한 시대의 소용돌이 속에서 억척같은 삶을 살았던 자취이며 그 결과, 오늘날의 우리가 있는 것이다. 그래서 이 이야기는 계속될 것이다.

　시적 소재를 제공해 준 모든 분들, 양강문학회 시우들, 그리고 안성 시민극단 맞춤 단원 여러분들께도 감사의 말씀을 전한다. 끝으로 모든 좋은 영감의 원천이신 창조주에게 무한한 영광을 돌린다.

2025년 가을을 맞으며
심 경 주

차례

작가의 말 • 04

1부 ─── 아주 오래된 흔적 - 우암동 이야기

01_로드킬: 첫 번째 이야기 • 12
02_장고개길: 두 번째 이야기 • 14
03_189번지 백 년 주막: 세 번째 이야기 • 16
04_동원 창고: 네 번째 이야기 • 18
05_빤스: 다섯 번째 이야기 • 20
06_슬픈 냄새: 여섯 번째 이야기 • 22
07_플래시 파우더: 일곱 번째 이야기 • 24
08_라디오 중계: 여덟 번째 이야기 • 26
09_강아지풀: 아홉 번째 이야기 • 28
10_이름 모를 다운이: 열 번째 이야기 • 30
11_새마을 담배: 열한 번째 이야기 • 32
12_아버지는 아무 말이 없었다: 열두 번째 이야기 • 34
13_식인 파티: 열세 번째 이야기 • 36
14_중학교 합격자 발표: 열네 번째 이야기 • 38

15_낫과 소녀: 열다섯 번째 이야기 • *39*
16_야반도주: 열여섯 번째 이야기 • *40*
17_총각김치: 열일곱 번째 이야기 • *42*
18_요괴 인간: 열여덟 번째 이야기 • *44*
19_ 못 먹은 밥그릇: 열아홉 번째 이야기 • *46*
20_백사白蛇1: 스무 번째 이야기 • *48*
21_백사白蛇2: 스물한 번째 이야기 • *50*
22_빚쟁이: 스물두 번째 이야기 • *52*
23_부정父情: 스물세 번째 이야기 • *54*
24_세월: 스물네 번째 이야기 • *56*
25_소 우리라는 마을: 스물다섯 번째 이야기 • *58*
26_우암동 연대기: 스물여섯 번째 이야기 • *60*

차례

2부 ──── 설렘, 기쁨, 그리움

연애편지 • *64*
군사우편 • *65*
오일장 • *66*
때밀이 • *68*
종강 • *69*
카페 머그잔 • *70*
도심 • *72*
카페 '목적지나인' • *73*
고성산 꽃길에서 • *74*
초보 • *75*
연극 • *76*
채송화 1 • *78*
채송화 2 • *79*
우보주책 • *80*
로또 • *81*
유통기한 • *82*
혼술 • *84*
로맨스 스캠 • *85*
어장 관리 • *86*
겨울 바다 • *87*

3부 ── 존재, 아픔, 깊이

초승달 • *90*
밤에 피는 장미 • *91*
강은 다시 열리는데 • *92*
두물머리 강변 카페 • *93*
달빛 훔치기 • *94*
끝자리 • *95*
민들레 • *96*
운길산역에서 • *97*
찰리 채플린 • *98*
거울 • *99*
의식의 빈자리 • *100*
묘약과 명약 • *101*
묘비- 말의 시간 • *102*
모기-참을 수 없는 존재의 가벼움 • *103*
넋두리 • *104*
잊힌 길 • *105*
가로등 찬가 • *106*
당신은 • *107*
미니멀 라이프 • *108*
고시원 • *109*
1인 가구 • *110*
무구정광대다라니 • *112*

차례

4부 ─── 시마(詩魔)

시늉 • *114*
소월을 그리며 • *115*
시가 감춘 시간 • *116*
좋은 시詩 • *117*
詩와 낙엽 • *118*
詩人의 시계는 거꾸로 간다 • *119*
걸작과 명작 • *120*
시작詩作의 기쁨 • 121
트랜스 휴먼 • 122

■ **시해설** • 123
시로 승화된 우암동 블루스
김욱동 (시인, 평론가)

1부

아주 오래된 흔적
- 우암동 이야기

01_로드킬: 첫 번째 이야기

*적기 뱃머리
어떻게 혼자 왔는지
어디가 어디인지
언제가 언제인지
시간 잊은 모래놀이

철부지 미소에 비친
반가운 듯
수심 찬 얼굴

흔들리는 엄마 손 잡고
아장아장 걸으며
흥얼거리는 입술 들고
기억도 없는 길을 따라
집안에 들어선 순간,

다짜고짜 회초리질
종아리엔 멍든 엄마 눈물
수십 번 듣고 들은 꾸지람

"거기가 어디라고
세 살배기 겁도 없이
구절양장 골목 지나
찻길 철길 사선 넘어
기름투성이 모래밭
두 번 다시 나갈 테냐"

뒷산 공동묘지
시장통 아랫마을
189번지 동네방네
사라진 세 살배기
식겁하며 찾아 나선
십년감수 엄마 얼굴

길가 로드킬 볼 때마다
미어지는 회초리

*적기 뱃머리: 우암동 부두의 옛 이름
일찍이 부근에 도로가 발달하였고 안전시설이 전혀 없는 철길이 있었는데 아이들 교통사고가 매우 자주 발생하였다.

02_장고개길: 두 번째 이야기

문현동 가던 장고개길
아침마다 순례 행렬
처녀애들 조방 가고
아저씨들 전차 타러
발부터 머리까지 지워졌다

돌아오던 고개 끝 길
저녁마다 처진 어깨
석양에 쩐 달구지
땅거미에 쫓겨 올 때
노란 백열등 춤을 추었다

엄마 마중 간 아이
고단한 얼굴에 비치는
짙은 노을 무서워
말달림 뜀박질로
제 그림자 밟으며 내려왔다

좁은 골목길 지날 때
집마다 매캐한 아궁이 연기
익숙한 된장국 냄새에
주린 호흡으로 집에 와
엄마 그리다 잠이 들었다

*장고개: 우암동에서 문현동으로 넘어가던 고갯길
*조방: 1917~1969년까지 범일동에 있었던 거대한 조선 방직공장의 준말

03_189번지 백 년 주막: 세 번째 이야기

일제 강점 수십 년간
고향 산천 떠나온
조선 한우들의 계류지
*우암 소 막사 모퉁이에
1924년 태어난 우물터

각지에서 실려 온
실향한 망국 짐승들
타국 객사 두려움 삼키며
돌아오지 못할 부두로
차마 내키지 않는 출국 길에
마지막 목을 축인 소들의 주막

해방 후엔 달동네 생명수
처녀, 총각 밀회 터
동네 아낙 빨래터
돼지 잡던 잔치 터
구름 잠긴 물결 위에
바람도 머물던 이 자리

다시 찾은 옛 우물
홀로 서 있는 주막 문패
꽉 다문 뚜껑 밑
이끼조차 메마른
백 년 세월 고였구나

*우암 소 막사: 일제강점기에 조선 한우의 70%가 일본으로 반출되던
  소 막사 단지.

04_동원 창고: 네 번째 이야기

광복동 개봉관 끝낸 영화
범일동 이류 관 거치고
문현동 삼류 관 지나온
종착지는 우암동 *동원극장,
달동네 골리앗 건물

끊어지고 사라진 시퀀스
숟가락 들자마자 숭늉 들이키고
저고리 풀다가 돌연 해 뜨는 신방
여주인공 축지법으로 다가오고
무섭게 나온 귀신 싱겁게 뒷걸음치네

명절마다 동시 삼 편
미어터진 인두 시루
담배 연기 스며든 영사 빛살
수시로 끊어지는 암흑 속에
여기저기 외쳐대던 *"도끼, 도끼"

그렇게나 넓었던 객석들
인제 보니 손바닥만 하고
깨진 공구리, 무성한 잡초뿐.
달동네 희로애락 뿜어내던
그 많던 사람들 어디로 갔을까.

*동원극장: 우암동 유일의 영화관
*도끼 도끼: 영어 talk에서 유래한 말. 상연 중인 영화의 음성이 안 들릴 때 외친 아우성

05_빤스: 다섯 번째 이야기

적기 뱃머리에서
우암초등학교 지나
감만동 등성이 넘어
만만한 달동네 피서지
모래 구찌 솔개해수욕장 있었네

엄마 몰래 간 바다 마실
설렘 가득 어린 오누이
동생은 원피스,
오빠는 반바지 달랑,
뜨거운 아스팔트도 신이 났었지

신발, 옷가지
모래 속에 파묻고
하얀 파도 물미역 향
물 만난 어린 물고기
시간 가는 줄 몰랐던 순간이었지

마른 갈증에 허기진 배가
그만 집에 가라 보채는데
"오빠야, 내 빤스 없다, 없다" 우는
가시내 무엇으로 가릴까 생각할 때
"우야꼬, 오빠 고무신도 안 보인데이"

치마보다 큰 빤스도 그저 좋아
마냥 해맑은 누이의 개오지
아스팔트에 익어가는 발바닥
노팬티 껄뱅이 오빠 눈엔
뿔난 엄마 얼굴 연신 아롱거렸지

감만동 등성이 넘어
모래 구찌 솔개해수욕장에는
집 나간 빤스가 잠들고 있었네.

*모래 구찌: 부두 건설로 인해 70년대 중반에 없어진, 감만동과 용당동 중간에 있었던 모래 해안. 솔개해수욕장이 이어져 모래 구찌 해수욕장 이라고도 불렀다.

06_슬픈 냄새: 여섯 번째 이야기

마실 갔다 넘어진 할배는
아팠던 새끼발가락 탓을 하며
돌팔이 침쟁이 불러
발가락 신경 하나를 끊어 버렸다
감각 없어지면 아플 일 없을 거라며.

보름 후
신경 끊긴 발가락 위
쌀알만 한 구멍 생겼고
무감한 발가락은 얼음처럼 차졌다

한 달 지나니
쌀알 구멍 강낭콩만큼 되고
할배는 고통으로 드러누워
다시는 일어서지 못하였다

두 달 지나니
강낭콩은 동전보다 커지고
새까매진 발가락 위로
고름 물이 쉬지 않고 흘렀다

석 달 지나니
발가락뼈 요지처럼 드러나고

발목 절단 강권해도
신체발부 수지부모
한사코 고집하셨다

넉 달 지나니
수시로 고름 닦을 때
참을 수 없는 썩은 생선 짠 냄새
이중 마스크로도 견딜 수 없었다

다섯 달 지나니
할배 핏빛 오줌에 기름 둥둥 뜨고
등짝 엉덩짝 욕창의 고통까지
온전히 몸으로 받으셨다

여섯 달째 어느 저녁
세마포 덮인 할배 얼굴에
질긴 고통 밴 평안 깃들고
일가 곡성 밤하늘로 번졌다

고집 세고
무지하고
미련한 슬픈 이야기
그렇게 끝이 났다

07_플래시 파우더: 일곱 번째 이야기

플래시 터질 때면
눈 크게 뜨고 스마일, ~찰칵.

호기심 만땅 사춘기 형님
뜯어보곤 조립 못 해
저고리 풀어진 마네킹 마냥
멀쩡한 게 없는 세간살이

해보다 밝아 보려고
통째로 곤로에 올려버린
플래시 파우더 한 통
달아오른 호기심 한 통

동네잔치 시끌벅적한 데
미닫이 닫힌 방안에
고삐 풀린 호기심 옆
수상쩍은 고요가 흐르던 순간,

난데없는 폭발 소리
대낮에 마른번개
갈라진 벽지
찢어진 창호
부서진 방문
폭탄 맞은 동네잔치

무너진 방문 밑으로
노랗게 익은 호박이
엉금엉금 기어 나오고
숟가락 내던진 어머니는
익은 호박, 그을린 머리통에
귀한 소주를 대병째 들이부었다

플래시 폭발한 후
익어 터진 호기심, ~찰각.

08_라디오 중계: 여덟 번째 이야기

TV 없이도 볼 수 있었지
라디오 소리에서
공이 어디에 있고
선수가 무얼 하는지
선명하게 볼 수 있었지

그러나
라디오 중계는
항상 과거라면서
껄껄껄 웃겨주던
국수 공장 여드름 형님
입시 공부 진저리에
찬 서리처럼 집을 나갔지

라디오 중계로
온 동네가 들썩이던 밤
옆 마을 새로 난 트럭 주차장
구석에 가마니 덮어쓰고
고단한 잠에 빠진 가출 생활

무심한 트럭 바퀴 밑
비명은 묻히고
찬 서리 붉게 흘러도
라디오 중계는
껄껄껄
과거만 얘기하고 있었지

09_강아지풀: 아홉 번째 이야기

할머니 댁 가는 길섶에
연둣빛 스마일 눈썹
바람에 자지러지는
욜욜욜 강아지풀

백구가 독구 낳고
독구는 존을 낳고
존이 다 자라면
욜욜욜 백구는 사라졌네

강아지풀 한가득 두고
백구는 어디 갔나
할머니의 고기 빈찬貧餐
욜욜욜 익숙한 냄새

집으로 오는 길섶에
연둣빛 백구 꼬리
눈물에 흔들리는
욜욜욜 강아지풀

10_이름 모를 다운이: 열 번째 이야기

우암동 재래식 공중변소
늘 을씨년스러운 꼬라지로 서 있는데
아침마다 정신대 입구처럼
하나같이 배설 순서 기다리는 군상이
아랫배 부여잡고 동동거리고 있었다

불 하나 없는 밤에 앉았을 때
좁은 하늘 틈새 달빛은 신음이 되고
넓은 아래 틈새 빠질 듯 위태로운데
등 뒤 달걀귀신이 목덜미를 스치면
무서워 두 번도 못 훔치고 내달았다

동네 사람 혀를 차며 웅성거리는 어느 날
공중변소에서 건져 올린 인형 하나
술 취한 마을 영감의 다라이 속에서
어지간히 씻긴 다운이는
거적에 말려, 지게 타고 뒷산으로 갔다

우암동 재래식 공중변소
늘 을씨년스러운 꼬라지로 서 있는데
지날 때마다 생각나는 인형
한결같이 해맑게 웃던 다운이는
콧물 묻은 입으로 애타게 울고 있었다

11_새마을 담배: 열한 번째 이야기

청초 아내 먼저 보낸 홀아비
홀로 키운 외아들마저 보낸 후
귀국 못 한 일본 여자 거두어
기구한 반평생 함께 살다가
여름 한 날에 다시 혼자된 옆집 할배
멀리 야경꾼의 발걸음이 지나가면
성긴 잠에서 깨어난 마른기침으로
*새마을 한 보루를 곰방대에 태우고
설익은 꿈자리는 밤 어둠에 태웠네

슬그미 열리는 *징두리널 유리문
은밀한 밤손님 작업 소리
잠귀 밝은 할배는
어둠 속에서 나직이 속삭였다
"가져갈 게 없을 텐데
날 가져가면 어떻겠노?"
기겁한 그림자는 안개처럼 사라지고
새마을 담배 연기 잦아든 코골이에
개 짖는 소리 지척에서 새벽을 깨웠다

*새마을: 70~80년대에 시판된 가격이 매우 저렴했던 무 필터담배 이름
*징두리널 유리문: 바닥에서 1~1.5미터 높이까지 널판을 댄 유리문

12_아버지는 아무 말이 없었다: 열두 번째 이야기

살벌한 고교 정문
두발 불량 지적받고
누가 봐도 심했던 구타
두꺼비 두 병 까고
쳐들어간 선생 집 마당

양손에 깨뜨린 소주병
"개새끼 빨리 나와!"
방문 열고 기겁한 사모님
질려버린 선생에게
길길이 날뛴 불량 감자

아들 대신 석고대죄
선생 앞에 조아리며
퇴학만은 면해 달라
두 손이 개발된
아버지 양복저고리

집 나간 감자 찾아
전국 팔도 수소문
보름 만에 잡혀 온
눈 빼고 이빨 빼고
온통 새카만 축구공

오리지날 빨간 두꺼비
볼 때마다 새삼 어리는
퍼렇게 날 선 유리 날
까맣게 돌아온 감자 옆에
누렇게 바랜 양복저고리

13_식인 파티: 열세 번째 이야기

집채만 한 *원목 더미
켜켜이 쌓인 야적장
아이들 천연 정글짐
뛰고 나르는 타잔 세상

하나만 무너져도
위험천만 오징어 잔치
별안간 들려오는 호루라기 소리에
막다른 벽으로 몰린 사냥감

잡히면 발가벗겨
아기 간 꺼내 먹고
얼라 고추 따 먹는다고
오줌 싸며 혼비백산

잡히는 것 시간문제
오금 저린 두 다리
담벼락 밑, 돌고 돌다가
반갑게 기어든 하수 구멍

여염집 수돗가에서 본
잡혀서 옷 벗긴 친구들
집으로 오는 머릿속엔
온통 진저리 식인 파티.

*적기 뱃머리 부두에는 6~70년대에 원목 건조를 위한 야적장이 여럿 있었다.

14_중학교 합격자 발표: 열네 번째 이야기

오후 두 시
*중학교 합격자 발표 중계방송
커다란 라디오 깨우려
저녁 전기 당겨달라고
통장 집에 통사정한
어머니 손발 꾸러미
밤에만 오던 야간 손님
별안간 낯선 대낮 전깃불

합격자 호명하던
라디오 부산방송국
아들 이름 불러주는
아나운서 목소리는 천사의 음성
덩실덩실 엄마 옆으로
어린 동생도 덩달아 덩실덩실
"촌에서는 부산방송 안 나온다"
투덜대던 시골 아재도 덩실덩실

*중학교 합격자: 1969년부터 중학교 입학 시험제도가 폐지되고 학군별로 추첨을 통해 중학교를 배정하였다.

15_낫과 소녀: 열다섯 번째 이야기

영화 "친구"는 빙산의 일각
실상 밤마다 골목 통은 활극 무대
윗동네 잘 못 간 동네 친구는
돈 뺏기고 옷 벗긴 채
코피 한 그릇 쏟으며 돌아왔다

며칠 후 우리 동네 피의 보복
혈기 젊은 매서운 낫과 칼
움켜쥔 배를 잡고 응급실 가는
윗동네 주먹 형님 뒷모습은
우암동의 스트리트 파이트였다

흙탕 속 백합 같던 동네 누이
시장길 잘 못 든 늦은 밤
호시탐탐 노리던
윗동네 형님 깔치 된 사연 모른 채
아스라한 그리움으로 남았다

신주쿠 홍등가서 우연히 만난 그녀
바다 건넌 여정의 밤새는 묵은 얘기
기구한 사연은 찬바람으로 슬고
눈물 젖은 웃음이 별처럼 반짝일 때
오래된 백합 향기 술잔 위를 맴돌았다

16_야반도주: 열여섯 번째 이야기

오직 사랑 하나로
냄비 달랑 두 개 들고
결혼 반대 부모 피해
우리 집 문간방에
둥지를 튼 젊은 부부

맞벌이 신혼살림 고달파도
아침에는 정성 찬 찌게 밥상
저녁에는 훈훈한 밀어 만찬
깨가 넘치는 쪽방에서
늘 들려오는 웃음소리

밤에는 문간방 근처에
얼씬도 말라던 어머니 당부
행복은 어떤 소리일까 궁금해
엄마 잠들기만 기다렸다
ㅋㅋㅋ

해맑은 색시는 배가 부풀고
홑벌이 신랑 얼굴엔 수심이 차도
밤마다 사랑 꽃이 빨갛게 피던
어느 아침 뎅그러니 남긴 냄비
아쉬운 ㅠㅠ

가난해도 어디서든 행복하겠지.

17_총각김치: 열일곱 번째 이야기

닷 살배기 얼굴만 한
흰 사발에 가득 담긴
맛깔스러운 총각김치
두 손으로 부여안고
앞만 보며 잰걸음 질

대낮에도 어두운 달동네 골목
바닥에 놓인 배추 더미에
총각 사발 안고 넘어지자
하얗게 깨진 파편 사이로
빨갛게 너덜대는 생고사리

육손이는 고쳐도
사손이는 붙일 수 없어
김치 범벅 고사리 없고
아랫마을 병원까지
한달음에 날아간 모정

엄마 등에서 바라본
오래된 무성영화처럼
삼켰다가 내뱉는 간헐적 비명
바늘 자국 더할 때마다
글썽이는 엄마 눈물 자국
총각김치 볼 때마다 아리는 손가락.

18_요괴 인간: 열여덟 번째 이야기

우암동 판자촌에
음침한 그믐달이 뜨면
집마다 돌아온
괴물들이 괴성을 질렀다

부지깽이 무서워
애 안고 달아난 아낙네는
괴물 잠들기 기다리다
몰래 집으로 들고,

옷 벗겨 쫓겨 난 아이들은
잠겨진 대문 앞에서
괴물 향해 애원하다
다시 집으로 들고,

홀로 남은 뒷집 괴물
고래고래 술주정에
초저녁에 집 나온 밤공기
새벽에 집으로 들고

홀어머니 집 아이
외항선원 집 동무
시시때때로 부러웠던
요괴 인간 만화 속 옛 동네.

*요괴 인간: 위기의 순간에 요괴로 변하여 악과 싸우는 일본 만화영화

19_반도 못 먹은 밥그릇: 열아홉 번째 이야기

꽁당보리밥 허기진 반찬
굶주린 숟가락, 마음 급한데
무겁게 가라앉은 밥상
급기야 분위기 살벌해지고
애들이야 알 수 없는 사연
언성이 극을 치닫다가
한 번씩 일어나던 그 일이
기어이 일어나고 말았다
천장 향해 벌러덩 누운 밥상 다리.

일방적인 아버지 고함
조금도 지지 않는 엄마의 외침
"직이라, 직이라, 직이라"

부부싸움 칼로 물 베기라는데
밥상은 왜 뒤엎을까
뜨거운 국그릇 피하니
입에 있어야 할 김치
머리에 덮어쓰고
맨밥만 꿀꺽, 목이 메어도
싸움 자리는 피하는 게 급선무.

반도 못 먹은 밥그릇이
밤새 꼬르륵거렸다.

20_백사白蛇 1: 스무 번째 이야기

차례가 되자
물 한 컵에 알약 삼키면서부터
시작되는 *꺼시와의 전쟁
온통 샛노래진 하늘과 땅.

다음 날 새벽 공중변소
살모사 출산의 공포
눈 질끈 감고 벌이는 사투
서둘러 내달렸던 등굣길.

1교시 끝 무렵
반바지 사이로 고개 내민
마지막 남은 패잔병 두목
두려움보다 한발 앞선 부끄럼.

운동장 가로질러 널빤지 엉성한 변소
뒤뚱뒤뚱 겨우 다다른 전쟁터
종이로 꽉 움켜잡은 그놈 대가리
잡아뺄 때 소스라치는 항문의 간지러움.

재래식 변통에 널브러진
하얗고 길쭉한 연가시
열 살배기 아이의 진저리
용감했지만 *수꿀했던 꼬마 무용담.

그때부터 시작된 백사 트라우마.

*꺼시: 기생충의 경상도 방언
*수꿀한: 무서움으로 떨리는

21_백사白蛇 2: 스물한 번째 이야기

돌아온 *산토닌 시간
다시 노랗게 변한 세상
전운 스멀거리는 뱃속
포성 들먹거리는 전선

*꺼시와의 사투
닷새를 못 간 화장실
머리가 조금 크니
제대로 두려워진 겁쟁이 병사

마지노선 무너진 밤
흰 줄 군단에 포위된 고지
눈도 입도 이빨도 없이
꿈틀대는 콩나물 포승

다급한 엄마 목소리
한순간에 돌아온 현실
전멸한 백색 군단과 함께
이불 위 전장에 쏟아낸 무용담

그제야 사라진 백사 트라우마

*산토닌: 6, 70년대 학생들에게 지급한 구충제
*거시: 회충, 기생충을 의미하는 경상도 사투리

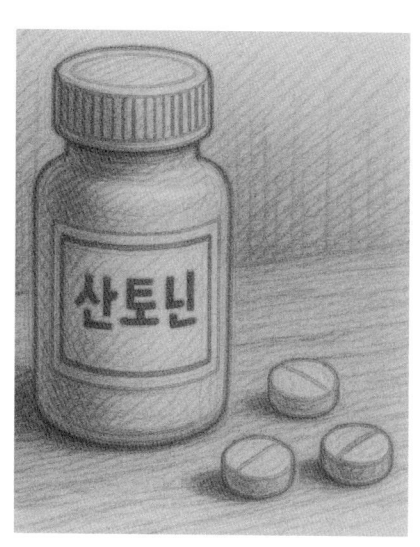

22_빚쟁이: 스물두 번째 이야기

신음하는 무상교육
최저 육성회비마저 밀려
학교와 집을 오가던
탁구공 신세 아이들

어머니 모셔 오라고
집으로 쫓겨 온 아이
울먹인 얼굴에 퍼부은
"엄마 도망갔다고 해라"

복도에 꿇어앉은
눈물진 회초리 독촉
창피함이 더 아팠던
달동네 어린 빚쟁이

찾아오는 사채꾼보다
기다리는 수금원이 더 몸서리
선생님은 싫어도 친구는 보고파
날마다 등굣길은 절반의 지옥

입도 돈도 가난했던 시절
시퍼런 욕쟁이로 되돌아가네.

*육성회비: 초등학교 무상교육 시절, 부족한 학교재원 충당하기 위해 거둔 일종의 학비. 생활 수준에 따라 매월 150원, 300원, 450원, 600원 차등 부과하였다. 체납이 많은 학생은 집으로 되돌려 보내 부모를 모시고 오게도 하였다.

23_부정父情: 스물세 번째 이야기

힘겨웠던 살림살이
벌이를 위해 따로 살던 아버지

하루치 입시 공부 마친 후
밤늦은 귀갓길에 마주친
아버지의 가난한 파안대소

지친 인사 나누고 헤어진 후
한참 뒤 다시 와서
내 손에 쥐여준 *500원 동전
아버지 버스비 뺀 전 재산.

울컥해진 내 어깨 쓰다듬고
다시 돌아서 가시던
숙인 뒷모습은 아린 사랑이었네
우암동 길 갈 때면 이따금 보이는 숙인 뒷모습

*500원이면 현재 8,000원 정도의 가치가 된다.
*아버지는 그 후 10년 뒤에 돌아가셨다.

24_세월: 스물네 번째 이야기

시장통 김가네
나무 시루 속,
샛노란 색 콩 대가리
다닥다닥 다닥다닥

허름한 초등학교
물샌 판자 교실,
검둥이 코흘리개
저요, 저요, 저요

교문 앞 슬레이트집
라면박스 속,
가녀린 병아리들
삐악삐악 삐악

통닭이 치킨 되고
시장이 마트 되고
명절 새 빔 일상 되고
논 얼음판 팽이 사라진 후

색동 빛 어여쁜 창문 속
가물에 된 콩 나듯
귀한 어린 임들
드문드문 드문

마을 어귀 신축건물
네모진 큰 온돌방,
새하얀 할망 하르방
바글바글

장수 만세 만만세

25_ 소 우리라는 마을: 스물다섯 번째 이야기

우범지대 암담한 동네,
수백 이웃이 한 주소, 189번지
좁은 거미줄 길 다닥다닥 판잣집
뒷산 자락엔 무연고 무덤 천지빼까리

밤마다 고함질에 넉넉한 주먹다짐
새마을운동 새벽종 수없이 울렸어도
몇십 년 된 그 골목이 오늘 그 골목
수십 가구 한 주소 무개발이 재개발

뒷산 바라보며 우닐던 할매
애써 먹인 인삼 곤 물에
열병 도져 그만, 보내 버린 19세 아들
가슴 치는 무지, 울어 울어도 남는 한

비가 오면 그 목소리에 아파 우닐고
막걸리 마시면 보이는 얼굴에 우닐고
군인들 보면 아들 같아 우닐다가
가슴치고도 평생 다 못 흘린 눈물

다시 찾은 내 고향 어제 같은 곳
눈을 감고도 갈 수 있는 좁은 골목길
낯선 곁눈질들 나를 홀리는데
길섶 할미꽃에 여직 들리는 흐느낌

출처: 부산 우암동 소막마을 주택

26_우암동 연대기: 스물여섯 번째 이야기

계절마다 갈매기 정겹던
동래부 바다 끝 동네
문득 잦아든 나막신 소리에
자다 부스러진 황소 울음

갈 곳 없는 해방 귀환 동포
칸막이 하나면 둥지 하나 뚝딱
가마니 이불에 찌든 소 막사라도
집 쉽고 먹거리 널린 살림터

왜인 가고 미군 오니
전쟁 와중에도 넘친 일자리
바닷바람 늘어놓은 장삿집
밤거리는 매미들 놀이터

일사 후퇴 이북 피난민들도
뿌리 내린 골판지 지붕
산꼭대기까지 따개비 군락
반공포로 더하니 팔도 모임터

뱃길 연락선, 화물 기차길
전후 복구 북적이던 시장통
일자리 찾아 몰려온
시골 청년 큰 아기들 사랑 터

이젠 공동묘지도 가뭇없는데
동산에는 새로 들어선 아파트
빈집 더미엔 낯선 고양이 떼
세월 바람 처연한 우암 연대기

출처: 부산 우암동 소막마을 주택

2부

설렘, 기쁨, 그리움

연애편지

설렘은 꽃향기로 피어나고

그리움은 시 구절로 살아나고

그 이름은 나의 아바타로 거듭난다

군사우편

금이야 옥이야 키운 아들
돌아온 옷가지에
지지리 눈물 쏟는 엄마
군대 간 지 보름 만에
도착한 두툼한 군사우편

원래 말이 없는 아들
훈련이 얼마나 힘들었나
구구절절 하소연에
면회 오라는 성화인지
묵직하니 기특한 군사우편

부모 은덕 깨달았나
군대 가서 철들었나
겉봉 뜯고 편지 읽고
엄마는 졸도하네
맨 앞 장에 딱 네 글자
"별. 일. 없. 음."

오일장

찐쌀 좁쌀 팔러 와서
친구 따라 색싯집에 왔더니
아찔한 분내에 아득해지는 정신

소롯이 여기에 있었구나
예전부터 꿈꾸던 이상형들

수줍음으로 떨리는 술잔
스스로 달아난 구석빼기
술병에 비치는 열적은 홍당무

불여우, 무릎을 넘어와
빨간 닭똥집 찍고 하는 말,
"이 옵빠 울트라캡짱 왕초볼세"

양주 한 잔에 찐쌀 한 됫박
안주 한 점에 좁쌀 한 바가지
연기처럼 사라지는 몇 달 치 식량

술 냄새 분 자국 어지러운 새벽길
비틀거리며 돌아온 낯익은 대문
순간, 번쩍이는 소리,
"들오지 마라, 꼴 보기 싫다"

때밀이

적당히 익은 육신
천정보고 반듯이 누우면
손등부터 시작되는 무두질
팔, 어깨, 목덜미, 상판에서
아랫배, 허벅지, 종아리, 발목까지
기분 좋게 비늘이 떨어진다

본격적인 대패질에
속 시원히 벗겨지는 죄 껍질
바닥에 쌓인 때 톱밥과
나누는 즐거운 이별
가끔 올챙이국수가 떨어지면
허물 떨군 쾌감을 온몸으로 느낀다

숭고한 탈피의식
비눗물 코팅으로 마무리하고
*돌 틈을 지나 청춘을 되찾은 뱀처럼
순전한 육체를 되찾은 착각 속에
켜켜이 쌓인 껍질을 뒤로 한 채
샤워 침례 받으러 걸어간다.

*박인환의 시 "목마와 숙녀"에서 인용

종강

개강은 희망 설렘이었다
생기 감춘 치마를 보며
속살이 궁금해
짓궂은 바람 간절히 원했다

종강은 설렘 반납이었다
치마는 끝내 날리지 않았고
감질난 마음에
막걸리 주전자만 뒤집어썼다

카페 머그잔

투박한 손은
움켜잡고 단숨에
나를 마셔버리죠
가슴 위 스마일도
아무 소용 없어요

때론 가녀린 손이
두 손으로 부여잡고
수십 번 입술을 가져가죠
황홀한 나는 까무러쳐
차마, 비명도 못 질러요

슬픈 손은 떨며
눈물만 흘리다가
손 한번 대지 않고 가버리죠
식어버린 속마음 가득 안고
하릴없이 제자리로 돌아와요.

다음에는 어떤 손이
날 찾을까 기다리며
마냥 입 벌리고 웃고 있죠
향긋한 입술 맞춰줄
님을 고대하면서요.

내가 사는 동안
수많은 입술 접하지만
모쪼록 믿어주세요
당신과 함께하는 순간은
당신께만 진심이니까요.

도심

동트는 논두렁
소작쟁이 날품쟁이 바쁜 걸음 질
깡보리밥 한 술에 물바가지 마시고
부여잡은 호밋자루 어깨 두른 쟁기
고쳐 입은 옷매무시 짚세기 행렬

미로로 이어진 고을 안쪽
이부자 댁 정부자 댁 최부자 댁에
자고 나면 비워진 보릿자루 채우려
기와집 개미굴로 줄지어 간다.

출근길 지하철
월급쟁이 일용직원 숨찬 걸음질
허겁지겁 아침 식사 빨간 눈동자
등에 손에 서류 가방 쉴 새 없는 핸드폰
열차마다 토해내는 미스 미스터

거미줄로 이어진 도시 안쪽
에스 상사, 엘 그룹, 에이치 회사에
들오면 증발하는 급여 계좌 메우려
우뚝 선 개미굴로 떼 지어 간다.

카페 '목적지나인'

수줍게 숨은 카페 목적지나인
희미한 추억, 꿈처럼 속삭이는 곳

수려한 꽃길 속으로 흐드러진 봄
희고운 윤슬, 은비늘로 숨 쉬는 곳

화려한 노을, 금물결로 부서지고
박새 떠난 숲속에 빈 어둠 내려도
이화길 배꽃 향기 넘치는 그곳

수채화 꽃별 사이로 나르는 신비
팅커벨 요정보다 눈부신 당신
희한한 바램, 커피향으로 드리운 그곳

*안성시 만정 호수에 있는 큰 카페 이름

고성산 꽃길에서

봄이 벙글어져
시새워 돋아난 새순들 사이로
돌마다
풀잎마다
깃들인 임의 향기

지나간 자국들이
끝없는 그리움으로 피는 길에
바위마다
나무마다
해맑은 임의 얼굴

우윳빛 내려앉는
고성산 자락 자락에
수인 가부좌에서
희열로 덧뿌려진
*비로자나 터진 미소

*비로자나: 고성산 운수암에 있는 법을 깨달아 수인가부좌로 웃고 있는 석가모니상

초보

손잡으면
파릇이 떨려요
수줍어지니까

하고픈 말
갑자기 없어졌어요
하얗게 잊어버리니까

눈 마주치면
견딜 수 없어요
마음 저리니까.

삶의 나이테
다 어디 갔길래
늘 초보가 되는 걸까요.

연극

관객 등이 커지면 객석엔
하나둘 설렘과 조바심이 입장하고
불 꺼진 무대 낯선 소품들
꼴딱 마른 입 적신다

관객 등이 꺼지면 잠시 폭풍전야,
어둠을 깨고 나오는 탄생의 첫 음성
홀연 생기가 넘치는 소품과 무대
새로운 인생의 시작이다

작은 동작, 굵은 동선을 따라가며
과장된 몸짓, 은밀한 속삭임에 관객도 빠져든다
긴 호흡 짧은 호흡 이어진 호흡
배우들의 합이 어우러진 티키타카
굽이마다 숨 가쁜 페이소스
절정의 신음이 폭발하면서
어느덧 종말을 향하는 내러티브
관객도 배우도 무대도
하나 된 감동에 진하게 잠길 때면
이윽고 고마운 커튼콜이 끝나고

무대는 처음 본 설렘의 흔적을 남긴 채
찬연했던 불이 꺼진다

관객 등이 다시 켜지면 객석엔
그사이 노련해진 인생 마스터들이
하나둘 여운 던지며 나가고
텅 빈 무대는 다음 인생을 기다린다

채송화 1

작은 손가락
활짝 펴서 가위, 바위, 보.
넌 언제나 보를 내는구나
그래서 나는 늘 바위만 낸다

해 떠야 열리는 얼굴
빗장 걸린 여름밤 문 앞에
긴 그림자 서성대다
웅크린 여명을 보챌 때
참았던 서러움이 먼저 열린다

*채송화: 흐린 날 비 오는 날에는 봉오리로 있다가 햇살이 비치는 날에만 오전에 잠시 피고 오후가 되자마자 시드는데 꽃봉오리가 많아 매일 형형색색의 꽃을 볼 수 있다. 손가락처럼 원기둥 형, 잎을 가진 쇠비름과 쌍떡잎식물. 약용식물.

채송화 2

구름 반가운 날에도
비가 정겨운 날에도
너는 닫혀 있구나

꼭 다문 입으로
밤새 봉오리 가득
설렘을 채우는구나

아침 햇살에
함박웃음 터지는 찰나
청순한 네 얼굴 보려고
나는 날개를 접고
숨죽여 기다린다
터지는 가슴 어르는 듯
바람도 숨을 고른다

우보주책

두보는 시를 짓고
우보는 술을 빚네

시인은 *하남에서 도리를 세우고
주부는 양평에서 누룩을 띄우네

세상 밝히는 *두보시책
마음 적시는 *우보주책

시와 술이 어우러진 밀 향기로
시름 깊은 한 세월 가누어 보네

*하남: 당나라 시인 두보의 고향(중국 하남성 공주)
*두보시책杜甫詩策: 세태를 풍자하여 세상을 깨우치는 두보의 시의 특색
*우보주책牛步酒策: 소걸음처럼 천천히 술을 빚는 경기 양평에 있는 전통주 주가

로또

뽕뽕 뚫린 달 분화구 구멍 밖으로
백골 하나 손에 들고 나오네
피 묻은 살점 씹으며 오는 괴물 토끼
좁다란 달 마당에 갇힌 숨 멎는 비명

굳은 두 다리, 헛된 버둥거림
타는 안타까움, 바닥엔 손톱자국
덫에 걸린 발목, 제자리걸음 질
가위눌린 허리, 묶인 몸뚱어리

도마 위에 뉘어 두고
험상궂은 이빨들의 칼춤 카니발
푸줏간인 듯 어물전인 듯
핏물 빠진 토막이 석쇠 위에 떨어진다

땀 홍수 속 비몽사몽 혼몽
나 없어져 무서웠나
나 없이도 잘 사는 세상이 무서웠나
치를 떨며 땀 자리를 박차고 하는 말

"에라 로또나 사러 가자"

유통기한

영악한 선섹후사
신선할 때 마시는
우유 맛 사랑

편리한 즉석식품
따끈할 때 먹어 치우는
인스턴트 사랑

죽네 사네
금세 일고 금세 지는
가볍고 쉬운 사랑

재미난 일 쌓였는데
자승자박 결혼 감옥
눈앞이 하얘진다

버거운 육아 부담
우리 둘 알콩달콩
바로 그것! 딩크족 사랑

자유,
쉬운 사랑,
맛있는 청춘.
그래서 두려운
다가오는 유통기한.

*딩크족(Dual Income No Kids): 맞벌이하며 아이를 낳지 않는 부부

혼술

혼술은 죄악인데
이젠 대세가 되었다

바람과 오가는 대화
술병과 나누는 건배
안주는 혼자만의 전리품
남긴 술에는 미안하지도 않다

시도 때도 없는 자유
쓰잘머리 넘치는 술주정
고요한 왁자지껄 속에
인스피레이션이 춤을 춘다

혼술은 대세인데
이젠 미덕이 되었다

로맨스 스캠

밝게 웃는 멋진 사진
수상한 친구 요청
외로움에 던지는 미끼
덥석 물었다가 지옥문 열리네

영혼 없는 에이아이 대화
비트 신호로 쌓는 모래성
순진함 등쳐 먹는
사기꾼 가득 찬 가상 세계일 뿐.

직접 만나고
직접 만지기 전에는
읽고
보고
듣는
모든 것을 의심하라

어장 관리

줄듯 줄듯 안 주다가
잊을 만하면
맘에도 없는
미소 하나 던져주지

잘생긴 놈은 2번 방
돈 많은 놈은 3번 방
만만한 놈은 다음 방
잘난 대로 차려 놓고 관리하면서
젤 좋아하는 놈은
1번 방에 두겠지

지치고 깨달은 물고기
끝방에서 뛰쳐나가면
그제야 아까워하며
노여움 가득 품은
차디찬 눈길을 내던지지.

겨울 바다

목소리 하나
찬 바람으로 스치고
추억 다발은
흰 물결로 헤적인다

활기찬 봄 교향곡
뜨거운 여름 이야기
낙엽 지는 가을 세레나데
시린 겨울 노래는
모래 위에 긴 발자국 남기는데..

애먼 갈매기
쉼 없이 수런대며
파란 수평선 위에
얼굴 하나 그리며 지나간다

3부

존재, 아픔, 깊이

초승달

꽃 뿌리 시퍼렇게 붙어 있어도
고개 돌려, 차마 떠나간 새벽

질풍노도 속 잊힌 꽃잎
언제 그랬냔 듯 달라진 아침

열락과 환희의 먼 나라 세상
기억 저편으로 사라진 까만 정오

이따금 찾아오는
잊힌 새벽이 문득 떠오를 오후

마지막 순번이라도 좋으니
눈물로 기다리마, 노을 짙은 너를.

여태 시들잖은 열정의 새카만 밤 밤
눈시울 적시며 품어 안은 미소 한 조각

밤에 피는 장미

벌도 나비도 떠난 밤
어쩌자고 해 거울 바라보며
혼자 활짝 웃고 있느냐

선홍빛 입술 사이로
향기 짙은 새벽이슬
눈물처럼 떨어질 텐데

강은 다시 열리는데

겨울 살바람에 맺힌 후
어쩌다 가벼운 조우도 마다하며
갈수록 두꺼워진 물껍질

언제 다시 보려나
제풀에 지쳐 내깔리더니
꽃샘 오기 전 얼핏 들리는 소리

네가 열리길 기다리느라
겨울밤은 그리도 길었고
뱃고동도 긴 숨을 참았더구나

때가 되면 다시 흐르고
한번 간 물은 당최 오지 않아도
계절 바람은 또 불겠지

두물머리 강변 카페

커피 한 잔씩 들고
정겹게 걷던 숲속 길
춤추던 억새
요동치던 물결들

바람이 잠시 지났을 뿐,
강물이 조금 흘렀을 뿐인데

몇 달째 덩그러니
외로운 너의 종이컵
쓰러진 억새
멎어버린 물결들

달빛 훔치기

고운 님 보려고
보름밤 기다렸는데
짙은 밤 구름에
별도 달도 숨었네

언뜻 비친 달빛에
선뜻 내민 조바심
금세 떠난 뒷모습에
밤새 머무는 잔상

가린 구름 씻어 내라고
애꿎은 바람 붙들고
새벽 되도록 달빛 훔쳐도
남은 건 빈 설렘뿐.

성긴 구름만
아침 하늘에 긴 꼬리를 남긴다

끝자리

아침에 길 나선 신
종일 걷고
하루만큼 닳은 채
저녁엔 신발장에서 편안해진다

아침에 치장을 마친 옷
하루 내내 타인을 만나고
하루만치 눈치를 보다가
저녁엔 옷걸이에 팔을 괜다

어느 아침 예고 없이
홀로 떠난다면
신과 옷은 덩그러니 남아
있던 곳이 그들의 끝자리가 된다

세상에서 떠난 우리
시간 멈춘 막다른 곳에서
찬란한 새 옷 입고
끝이 없는 길을 향한다

민들레

질기게 아프다고
사랑일까마는

찰지게 멍들지 않는다면
사랑은 아닐 게다

봄나물 뜯는 억센 손끝
기어이 버텨내던 소릇한 애살 덩이

한 잎도 잃지 않고
몇 날 몇 밤을 무섭게 앓아 영글었다
봄 들녘 샛노란 열정 덩이
언제 그랬냔 듯 빈 가발 되어

무당벌레 속삭임, 나비 날갯짓에도
흩어지는 대롱 끝 뽀얀 민 머리통
한량없이 속태운 가슴앓이
밤하늘 노랗다며 울먹인 지질 덩이

꽃잎마다 깃든 사연 어찌하라고
시든 민머리 다발로 이리 덧없을까

운길산역에서

오지 않을 너를 기다리며
빈 계단을 바라본다

병행 우주에서 만나는
해맑은 너의 스마일
현실 우주에 고개 내민
애슬픈 나의 그림자

세포 속 남은 미련은
앙금 뱉어내고야
찌든 멍을 표백하였다

너를 보낸 후
마침내 얻은 카타르시스
시를 타고 날아오른다.

*석초 선생님의 시, "양평역에서"에서 첫 행을 인용하였습니다.

찰리 채플린

내가 개그맨이 되고픈 건
진작부터 빈 세상에서
홀로 춤추려는 게 아닙니다

가닿지 않을 무지개
일상의 권태
세월의 고단함
답 없이 고독한 영혼에
페이소스 저민 웃음과
저린 카타르시스를
전하는 몸짓입니다

내가 개그맨이 되고픈 건
진작부터 외로운 인생
짙고 질긴 비애를
알기 때문입니다

거울

너는 본디 얼음장이다
손짓, 몸짓, 표정 그대로
가슴속 열정은 비추지 못해
타오르는 불마저 차갑다

아침마다 다정하게 날 보고 나간 후
종일 빈 집안만 보게 해놓고
저녁이면 지친 몰골로
긴 한숨 내게 토하지요

가면을 쓰고 살지만
네 앞에서까지 그럴 필요가 없구나
보이는 정도껏 보여주는 너
내 뒷모습은 네게서 기대할 수 없구나

우리가 정겹게 바라볼 때도
당신은 나를 보지 못하지요
어쩌다 안쓰러운 뒷모습 보여줄 때도
정작 당신은 보지 못하네요.

의식의 빈자리

잠들 때면
이 세상에 잠시
빈자리를 남긴다

종이 울려도
천둥이 쳐도
깊은 잠 속.

문득 깨어나면
그 자리로
돌아온다

그러나 깨어나지 않으면
빈자리에 머문다
언제까지나.

묘약과 명약

진심이 더는 사랑의 묘약은 아니다
예쁘면 맹인도 돌아보고
가진 게 많으면 사랑하고 싶다

진심 따위 팽개치고는
다시 진심에 목말라한다
그래서 진심은 몸 둘 곳이 없다

더는 세월이 이별의 명약은 아니다
오래 살면서 시간은 길어지고
그리움은 빗장 풀린다

미련은 호흡처럼 찐득하고
추억은 인스타그램 속의 현재
그래서 기억은 쉴 틈이 없다

묘비- 말의 시간

묘봉산 언덕에 누운 수많은 글이
무성한 빗소리에 와글거린다

다 못 쏟은 사랑이
다 못 흘린 눈물이
멈춘 시간 되어 남겨진 빗돌

각자
다른 웃음
다른 슬픔으로
잠시 여기에 함께 머물렀다가

저마다의
다른 시간
다른 세계로
영원히 떠나간 말들

수목장에 걸린 수 많은 이름들도
자고새 울음 되어 돌아오고...

모기-참을 수 없는 존재의 가벼움

개미 바글대는 오줌,
그 피는 필경
딸기향 그윽한 캐러멜 마키아토
목숨 건 날갯짓 시작하는 이유

빈대에 초가삼간 태울 듯
쌍심지 켠 고질라 손아귀
그 틈 비집고 흡입한
짜릿한 맛, 달콤한 마키아토

드라큘라에게 물리면
드라큘라 되지만
걱정하지 마세요
내겐 물려도 모기 되지 않아요.

치솟는 혈당도 일 없어요
시뻘건 새 생명 가득 품은 후
속절없는 한 세상
속히 마감하니까요, 앵~.

넋두리

비 듣는
망부석처럼
하릴없이
젖기만 했다

못 올 시간
동동 구르는 인연
지푸라기처럼
어쩌지 못했다

이름이 아픔 되고
아픔은 상처 되고
상처는 흔적으로
흔적은 회한 되고
회한은 응어리로
응어리는 시퍼런 시詩가 되었다

남을 시인詩人으로 만든 너는
지금 어느 별이 되고 있을까
넋두리로 시드는 이름이여

잊힌 길

순전한 사랑을
집착이라 모독했다
그 후 잊히기 시작한 길.

추억이
아픈 가지 사이로
보일 듯 말 듯 아스라한 길
그 길 위에 스러지는
마른 꽃잎
마른 낙엽들.

이제사
못 가본 길 따윈
미련도 없다

미련퉁이
슬픈 눈망울들
그렇게 따스했던 손길들
어쩌지 못했던 걱정들
다시 못 올 순간들이
낙엽처럼 쌓인 채
끝없이 이어지는 잊힌 길.

가로등 찬가

이별은 밤이 아픈 법,
슬픔이 가슴에 저밀 듯
어둠이 노을에 스멀거리면
넌 어김없이 잠에서 깨어나
밤의 적막을 채우는구나

사랑은 밤이 깊은 법,
마법 같은 키스의 순간
불꽃처럼 차오른 절정
그림 같은 축제의 시간이 지나면
미련은 촛불처럼 머뭇거린다

가랑비는 밤에 더 처량한 법,
무심히 달리는 자동차
오가는 수많은 사연이
낙엽처럼 비에 젖을 때
너도 같이 젖는구나

당신은

세상 많은 사람 중에
잊지 못하면
우리 모자란 인연일까

인생 백 년
얼마나 길다고
이리 애달픈 이별일까

간혹 꿈에서
그 얼굴 그 모습
마냥 반갑습니다

언덕 언저리
생경한 낮달만큼
저리 서럽게 지나갈까

남은 그 이름
지우지 못하고
비인 하늘만 바라볼까

노을 진 저녁
여울진 밤바다
하냥 그리워 날아갑니다

미니멀 라이프

쓰레기 만들며
쓰레기 남기는
이 여행이 끝나면

희뿌연 안경
아껴 못 입은 옷
멕기 벗긴 시계
몰래 쓴 일기
눈물로 읽은 책
보내지 못한 메모
추억 묻은 사진…

재로
먼지로
바람으로
날아가리니

열정,
믿음,
소망만 남기자

그래서 미니멀 라이프.

고시원

우리의 결국이 혼자일지라도
동행은 산 자의 특권이다
손을 움켜잡지 않아도
가슴 터지게 붙들지 않아도
언제든 만날 수 있다면
소통하는 당신은 나의 동행이다

복도에 부딪히게 바글거려도
고시원에는 동행이 없다
책꽂이처럼 다닥다닥한 공간에
켜켜이 들어선 초조한 영혼들
잔뜩 웅크린 고독 속에
한순간도 소통 없는 감옥이다

1인 가구

외롭게 홀로 죽으면 고독사
외롭게 홀로 살면 고독생
즐겁게 혼자 살면 혼생
혼밥과 혼술은 찰떡궁합이다

루저 왕따 은둔자들의
전유물은 이미 아닌 1인 가구
멀쩡한 남녀노소가 제 발로
자기만의 공간에 갇힌다

껍질을 찾아가는 집게처럼
혼자만의 구역에 들어가면
적막은 어둠 속에 웅크리고
독백이 친숙하게 말을 걸어온다

벽에서 벽으로 투시되는 세상
식탁과 의자와 나누는 살뜰한 대화
혼자만의 빈찬은 그 맛이 그 맛인데
소주병과 라면은 꽤 괜찮은 애물이다

그림자를 애인 삼아 함께 누워
천정의 얼굴들을 이불 속에 묻고
밤마다 빛바랜 새 꿈을 상상하며
닳고 닳은 새 아침을 기약한다

무구정광 대다라니

푸른 하늘 깊은 계곡
바다 모를 절벽으로
아스라이 떨어지고져

넓은 바다 깊은 심연
가늠 못 할 속도로
가없이 빠져들고져

양자역학 무한 먼지
쿼크 렙톤 알갱이로
한량없이 파고들고져

무구정광 대다라니
지고지순 불꽃으로
영원불멸 돌아가고져.

*무구정광 대다라니: 불국사 석가탑 보수공사 때 발견된 두루마리 기도문. 순수, 정결한 영혼을 염원하는 기도문.

4부

시마(詩魔)

*시마 : 시의 영감을 불러일으키는 마력, Muse 또는 Inspiration

시늉

웃기든지
울리든지
여운 남든지

이도 저도 아닌

인생살이 자랑질
부끄러운 자화상
삼라만상에 빗대놓고
너절너절 풀어헤친
저만 아는 보따리

날더러 어쩌라구.

소월을 그리며

한글 익힌 아낙네가
못 읽는 시
시인들만의 시
그녀들의 노래는 아니다

낯선 낱말
알아도 쓰잖은 비유
고결한 시인들의
현란한 말 잔치 향연

그 향기 맡지 못해
TV 앞, 글 모르는 우리 할매들
친숙한 그의 가사에
오늘도 눈물진 목이 멘다

시가 감춘 시간

시의 골방,
그곳은 해맑은 4차원의 세계
어제 오늘 내일이 뒤섞이고
현실과 상상이 합쳐지는 곳

지나간 사랑이 새로 설레고
아쉽던 이별이 무르지며
어리던 생각이 갈피를 잡고
눈물진 영혼이 정화되는 곳

꿈꾸던 에덴의 숲속을 걸으며
샘 솟는 카타르시스에 잠기고 마는
시의 골방에 들어가 보라
시간의 권태가 감춰지는 곳.

좋은 시詩

겹겹이 빗대어 돌린
회오리 같은 단어
한시漢詩보다 난해한
고상한 그들의 시詩.

지들끼리만 아는
초월 언어의 나열
삼라만상에 걸고 걸어
무단히 세운 은유의 옹벽

문인의 무덤에
순장된 말 잔치가
살아있는 노랫말보다
뭐가 나을까

단번에 혀에 붙고
오랫동안 여운 남아
누구나 좋아하면
그게 좋은 시詩.

詩와 낙엽

시인 수만이 있고
해마다 수백만 詩가 쓰이며
그동안 수억만의 詩가 쌓였다

고뇌와 불면
산 넘고 물 건너는 여정
몇 날 몇 밤의 기다림
간 길 몇 번이고 돌아와서
마침내 마음이 허락한 詩

묻혀서 잊히면
썩은 낙엽이 기억해 줄까
바람에 실었던 시퍼런 고백들을.

詩人의 시계는 거꾸로 간다

사람들은 모두
늙어 간다는
착각 속에 살고

오늘 태양은
하루만큼 주름이
늘었을 거라 믿겠지만

그래도 오늘 노을이
어제보다 젊은 것은
詩人이라서 그럴 거야

걸작과 명작

옛적엔
천재들 걸작이
만인을 감동시켜
고전이 되었다

이제는
터무니 일도 없어도
만인을 선동하면
명작이 된다.

그래서 천재들은
산으로, 산으로 올라가
하늘 닿는 *꼬작집에서
바람 잡고 구름 붙드는 자유혼이다

*꼬작집: 허름하고 작은 오두막집

시작詩作의 기쁨

통나무 바라보고 상념에 젖는다
머릿속에 갇힌 형상 조각
답답한 마음
벙어리 글감
더듬는 주먹손
무딘 연장들에
얼마나 더 아파야 가슴에 고일까

늘 목마름에 평안함이 없다가
문득 샘솟는 영감
들려오는 노랫소리
춤추는 상상
이어지는 글 줄기에
터지는 미소 머금고
구름 위를 걸어간다

트랜스 휴먼

탱탱해진 낯선 피부
다시 수북해진 머리
그것만은 아니다

깃털 같은 몸
제비 같은 걸음
총총한 눈망울
새로 부려진 상상력
되찾은 뜨거운 가슴이 먼저다

높은 절벽의 고난 끝에
새 부리, 새 발톱, 새 날개 얻은 후
매섭게 내려오는 솔개처럼,
다 늙은 팔십에 부름을 받아
백이십에 홀연 사라진 모세처럼,
시간 몇은 시인詩人마냥
세월 거스르는 신. 청. 년. 이다.

시해설

시로 승화된 우암동 블루스

김욱동 (시인, 평론가)

시로 승화된 우암동 블루스

김욱동 (시인, 평론가)

  길을 걸어 온 사람이라면 누구나 아주 오래된 흔적 같은 사진첩을 하나쯤은 소장하고 있을 것이다. 휴대전화 속에다 자신의 세계를 구축하고 사는 MZ 세대가 아닌 이마에 연륜의 골이 깊이를 점점 더해가는 세대의 책장 한 구석에 외롭게 팽개쳐져 있는 앨범. 아날로그 시절이 빛바랜 간판의 맛집 같은, 소장하고 있는 소중한 지난날의 추억이 오롯이 담겨있는 흑백사진 같은 것, 때론 바쁜 일상 중 주어지는 망중한을 즐기다가 우연히 마주친 한적한 시골 마을의 느티나무 그늘 같은 것 말이다.

  77편의 시를 4부분으로 나누어 상재上梓되는 우암동 블루스는 심경주 시인의 심상에만 존재하는, 세상 어느 곳에서도 실체를 만날 수 없는 더욱 소중한 아주 오래된 흔적의 기념비다.

  언어의 연금술사鍊金術士로 불리는 시인의 경우는 어떨까? 『우암동 블루스』라는 시집에 상재上梓하는 심경주 시인의 앨범 속에 도사린 추억들은 더 이상 과거의 유물이기를 거부한다. 시집의 제목이기도 할뿐더러 시인의 오늘이 있기까지 구심적인 연緣의 발화점은 부산시 남구에 소재하는 우암동이라는 특정한 장소이다.

그곳은 시인의 박물지같이 온갖 추억들이, 비록 낡았지만, 보석처럼 반짝거리며, 퇴색되지 않는다. 그러다 양자물리학 이론처럼 원인 제공의 기화점氣化點이 되고 혹 사그라지는 궁극점窮極點이 되기를 거듭하며 시인의 시선을 기다리고 있었다.

  시인의 박물지 속 어느 한순간과 점들은 밤마다 그리고 꿈속에서도 간혹 연속성을 상실한 채 토막 난 이야기들이 잠을 흔드는 혼돈의 진원지였다. 그것은 심경주 시인에게 주어진 길이었고 시집 『우암동 블루스』 탄생 기원이고 발화점發火點이다. 와글거리는 아우성, 고함과 비명, 허탈한 웃음, 아이들의 자지러지는 소리, 왕방울 같은 눈에서 굵은 눈물을 떨구는 소 울음 등등, 시인이 밤마다 몽유병을 앓는 환자처럼 허우적거리게 하던 소용돌이를 견디다 못해 마침내 판도라 뚜껑을 두드리며 스스로 시의 카오스에 들게 되었다. 벗어나기를 갈망했고 고개를 저으며 잊히길 소망한 소 바위 앞에 마주 선 것은 아이러니하게도 시詩를 만나면서부터다. 석화石化되거나 마멸磨滅되지 않고 심상心想에서부터 불멸의 시어로 탄생한 것이다. 그래서 역동적인 생명력을 부여받고 새로운 지평을 연 것이다. 천지 만물의 연기법緣起法에서 주어지는 시절 인연은 시인의 오늘을 이끌었고 앞으로도 창창蒼蒼하게 확산시킬 야심적인 걸음을 만나게 된다. 그 흔적들이 사진첩처럼 전개되고 펼쳐지는 4부분으로 구획된 "우암동 블루스" 가운데 「1부. 아주 오래된 흔적」으로 들어간다.

1부. 아주 오래된 흔적

일제 강점 수십 년간
고향 산천 떠나온
조선 한우들의 계류지
*우암 소 막사 모퉁이에
1924년 태어난 우물터

-중략-

다시 찾은 옛 우물
홀로 서 있는 주막 문패
꽉 다문 뚜껑 밑
이끼조차 메마른
백 년 세월 고였구나

*우암 소 막사 : 일제강점기에 조선 한우의 70%가 일본으로 반출되던 소 막사 단지.

- 「189번지 백 년 주막」 부분

나라를 잃은 암울한 땅은 그 속에 속한 모든 것이 혼돈과 비극적인 먼지투성이다.
전광용의 단편소설 「커피 딴 리」(Kapitan Ri-1962년 사상계 7월호 발표) 의 주인공 이인국 박사같이 시류에 흔들리는 버드나무처럼 권력에 편승하는 성공 가도를 추구하는 무리의 친일파, 빼앗긴 나라를 찾겠다고 한겨울 꽁꽁 언 장백산맥을 넘은 장한 사람들. 그도 저도 못해 겨우 목숨만 버티는 민초民草들이었다.

  내일이 없는 암울한 시절을 보내던 나라에서는 짐승들의 형편도 별반 다르지 않았다. 일제에 공출이란 이름으로 빼앗기다시피 기르던 개들은 외투로, 수레를 끌던 말은 군마와 군화용으로, 그중에서 군인들의 군량미로 끌려간 가족같이 기르던 소들이 대한해협을 건너는 배에 실어 보내기 전 집결시킨 곳이 바로 우암동이었다.
  끌려가는 소들의 막사가 그대로 해방된 가난한 사람들의 주거지가 되었던 우암동에서 자란 시인은 그 땅의 숙명적인 아픔을 탄생석으로 가지게 되었다.

  그것은 시인의 밤을 흔드는 귀기 서린 비명과 같은 음산한 노래가 되기도 하였다.
  옅은 꿈마저 도적질하듯 훔치는 인연을 피해 달아나다 시인은 차라리 그 아픔의 노래를 품기로 한다. 왜냐하면 우암동과 심경주라는 인연은 만들어진 게 아닌 주어진 것임을 뮤즈詩魔의 속삭임으로 체득體得했기 때문이다.

       광복동 개봉관 끝낸 영화
       범일동 이류 관 거치고

문현동 삼류 관 지나온
종착지는 우암동 *동원 극장,
달동네 골리앗 건물

끊어지고 사라진 시퀀스
숟가락 들자마자 숭늉 들이키고
저고리 풀다가 돌연 해 뜨는 신방
여주인공 축지법으로 다가오고
무섭게 나온 귀신 싱겁게 뒷걸음치네

명절마다 동시 삼 편
미어터진 인두 시루
담배 연기 스며든 영사 빛살
수시로 끊어지는 암흑 속에
여기저기 외쳐대던 *"도끼, 도끼"

그렇게나 넓었던 객석들
인제 보니 손바닥만 하고
깨진 공구리, 무성한 잡초뿐.
달동네 희로애락 뿜어내던
그 많던 사람들 어디로 갔을까

*동원 극장: 우암동 유일의 영화관
*도끼 도끼: 영어 talk, talk에서 유래한 말.
 상연 중인 영화의 음성이 안 들릴 때 외친 아우성.

- 「동원 창고」 전문

엔니오 모리코네와 안드레아 모리코네의 콜라보레이션 배경 음악이 극 중 감동을 배가 했던 이탈리아 명화 "시네마 천국(Cinema Paradiso)"의 우암동 판이다. 극 중 어린이 주인공 토토가 화자 자신 같은 동원 창고의 추억이다. 해방 후 소마저 사라진 우암동 공터에 '하꼬방'이라 부르던 미군 전투 식량 상자인 레이션 상자로 얼기설기 엮은 대부분의 언덕배기 집 가운데 골리앗같이 우람했던 동원 창고라 불리던 '동원 극장'은 암울한 시절 가난한 동네의 유일한 위로였다.

고르지 못해 연속성보다 끊김이 더 많았던 화면은 마치 강시처럼 움직이던 배우들의 무대였다. 화면은 나오는데 음 소거마저 되면 천정이 들썩거리도록 모두 "도끼, 도끼" 외쳤는데도 얼굴엔 모처럼 함박꽃이다. 그 후 그 말이 영어 talk의 그들의 표현법이었음을 알고는 쓴웃음이 지었을 것이다.

「인생은 영화처럼 아름답지 않다」 조언하던 토토의 친구, 알프레도 할아버지를 비롯한 그 많던 마을 사람들은 어디로 갔을까? 성공한 영화감독이 되어 고향을 찾은 토토처럼 화자는 추억의 동원 극장 깨어진 콘크리트 바닥에 난 무성한 잡초들 앞에 숙연해진다.

우암동 189번지 재래식 공중변소
늘 을씨년스러운 꼬라지로 서 있는데

아침마다 정신대 입구처럼
하나같이 배설 순서 기다리는 군상이
아랫배 부여잡고 동동거리고 있었다

불 하나 없는 밤에 앉았을 때
좁은 하늘 틈새 달빛은 신음이 되고
넓은 아래 틈새 빠질 듯 위태로운데
등 뒤 달걀귀신이 목덜미를 스치면
무서워 두 번도 못 훔치고 내달았다

동네 사람 혀를 차며 웅성거리는 어느 날
공중변소에서 건져 올린 인형 하나
술 취한 마을 영감의 다라이 속에서
어지간히 씻긴 다운이는
거적에 말려, 지게 타고 뒷산으로 갔다

우암동 189번지 재래식 공중변소
늘 을씨년스러운 꼬라지로 서 있는데
지날 때마다 생각나는 인형
한결같이 해맑게 웃던 다운이는
콧물 묻은 입으로 애타게 울고 있었다

*다운이: 다운증후군 아이.
*선진국은 GDP가 아닌 노약자, 장애인, 여성에 대한
 사회적 배려 수준으로 정해진다

- 「이름 모를 다운이」 전문

지지리도 못사는 동네에 귀한 것이 우습게도 화장실이었다. 일제강점기 일본군 육류 조달처였던 우암동 소 막사에 해방 후 갑자기 들이닥친 수많은 인파를 수용하기에는 모든 것이 너무나 열악한 환경이었다. 눈, 비 가리고 몸 뉠 집에다 화장실을 둔다는 건 지나친 호사이었다. 그래서 마련된 공중변소, 수도 서울도 달동네에선 1980년도까지 있었던 공중변소다. 아침마다 화자가 만나는 광경은 흡사 욕망의 배설을 위해 일본군 위안소 앞에서 기다리는 장사진長蛇陣 같은 마을 공중변소 줄서기가 일상이었다. 때론 빨리 나오지 않는다고 언쟁이 벌리기도 했으나 어느 날 아침 그 긴 줄은 침통하게 허물어지며 침묵으로 빠져 들었다. 선천성 장애가 있는 아이의 시신이 발견된 것이었다.

성한 사람들도 살기 힘든 세상 그 아이의 부모는 밤이면 달걀귀신 소문에 아이들은 가기 꺼렸던 달도 없는 밤, 해맑게 웃던 '다운이'를 서방정토로 보냈다. 목탁 소리도 독경 소리도 꺼이꺼이 숨죽인 울음으로 삼키며 빠뜨렸다. 화자는 들어보지도 못했지만 차마 지워지지 않는 코 묻은 울음을 남기고 간, 우암동 전체가 따갑게 아픈 날이다. 전쟁터로 끌려간 소 귀신들 탓인지 아프고 시린 이야기가 블루스처럼 흐느낀다.

   영화 "친구"는 빙산의 일각
   실상 밤마다 골목 통은 활극 무대
   윗동네 잘 못 간 동네 친구는

돈 뺏기고 옷 벗긴 채
코피 한 그릇 쏟으며 돌아왔다

며칠 후 우리 동네 피의 보복
혈기 젊은 매서운 낫과 칼
움켜쥔 배를 잡고 응급실 가는
윗동네 주먹 형님 뒷모습은
우암동의 스트리트 파이트였다

흙탕 속 백합 같던 동네 누이
시장길 잘 못 든 늦은 밤
호시탐탐 노리던
윗동네 형님 깔치 된 사연 모른 채
아스라한 그리움으로 남았다

신주쿠 홍등가서 우연히 만난 그녀
바다 건넌 여정의 밤새는 묵은 얘기
기구한 사연은 찬바람으로 슬고
눈물 젖은 웃음이 별처럼 반짝일 때
오래된 백합 향기 술잔 위를 맴돌았다

- 「낫과 소녀」 전문

「낫과 소녀」란 시 앞에서 멈췄다. 1부에서만 벌써 2번째 영화가 오버랩된다.
  2001년 당시 한국 영화계 최고 관객 동원으로(820만)

흥행에 성공했던 「친구」란 영화가 있었다. 1975년 당시 문현동에서 학창 시절을 보낸 네 친구의 이야기다. 문현동과 우암동은 행정구획선 하나를 두고 있을 만큼 이웃한 동네다. 우암동 역시 폭력과 살벌한 칼부림이 예사로 벌어지던 곳으로는 문현동 못지않았다. 그 피비린내 나는 살벌한 터전에도 백합꽃 송이 같이 아름답고 순진무구한 처녀가 있었고 동네 남자아이들의 마음속 베아트리체로 존재하던 그녀, 화자 역시 흠모의 대상으로 가슴속 깊이 간직한 처음 울렁임의 원천이었다.

그러던 어느 순간부터 그 소녀는 꺾여 시들어 가는 꽃이 되었고 아무도 감당하기 어려운 윗동네 폭력 조직 우두머리의 여자로 전락했다. 안타까움에 어쩔 줄 몰라 했던 기억도 시간이 지나며 잊힌 무렵 뜻밖의 장소에서 대사가 삭제된 연극무대에 선 배우처럼 그녀를 만났다. 일본 최대의 환락가 신주쿠 가부키초에서의 그녀는, 우암동의 유래로부터 의도된 하나의 인연이 획으로 그어지는 기이한 현상이었다. 일본이 소 공출 기지화한 우암동은 패망 후 그들이 쫓겨나자, 해방되어 몰려온 귀국민, 6.25 후에는 실향민들까지 다채로운 구성원들이 악착스럽게 살아가는 곳이었지만, 일본의 야쿠자 흉내의 폭력 조직이 난무하는 인간 굴레의 수용소였다.

그녀는 가슴에 주홍 글씨를 붙이고 2차 대전 후 패망한 군국주의 일본의 수도인 도쿄도 신주쿠구 북동부의 습지를

메워 만든 가부키초에 몰려드는 야쿠자들이 운영하는 유흥가로 소처럼 끌려온 것이었다. 시든 백합 향기 위에 전제로 부어지는 침묵의 술잔은 그 밤 소리 없는 통곡이었으리라.

임권택 감독의 영화 서편제의 마지막 부분이 서성거린다. 소 울음 대신 어린 소녀가 이끄는 끈을 잡고 농무 자욱한 염전마을 주막으로 눈먼 송화가 온다. 소금기 따가운 눈으로 그녀를 묵묵히 바라보는 배다른 오빠 동호는 개다리소반에 차려진 술상 앞에 앉는 송화에게 낯선 사람처럼 창을 청한다. 여성의 억압된 운명과 억울함에 대한 저항, 그리고 예술로 승화된 삶의 절규를 담은 「쑥대머리」를 청한다. 송화는 청하는 사람이 누군지(혹 동호인지 알면서도) 모른 체 "소리 좀 받아주시겠어요?" 하며 고수의 역할을 부탁한다. 신주쿠 밤은 깊어만 가는데 시든 백합은 창뻑을 잊었고, 고수는 사케 잔을 떨고 있었다.

1부를 벗어나는 감회가 마치 깜깜한 암막 커턴 안에서 몰래 훔쳐보던 영화가 끝나고 아쉬움 가득한 채 벗어나는 심경이다. 이름만 들어도 하늘이 노랗게 변하는 "산토닌-구충제"를 먹었던 민망함이 실감 나는 백사白蛇1 /백사白蛇2, 밤새 「새마을 담배」를 태우며 어쩌지 못하고 삶을 이어가는 독거노인 이야기 「새마을 담배」 중, 밤 손님에게 가져갈 것 없는 집에서 '나라도 가져가면 어떻게노?' 한숨 섞인 대사는 가슴을 저리게 한다. 그 밖에도 일일이 열거하기 어려운 시인의 박물지 중 찐한 공감으로 무릎을 치게 하는 것들이 많지만 1부를 닫고, 이어 2부로 들어간다.

2부. 기쁨, 설렘, 그리움

찐쌀 좁쌀 팔러 와서
친구 따라 색싯집에 왔더니
아찔한 분내에 아득해지는 정신

소롯이 여기에 있었구나
예전부터 꿈꾸던 이상형들

수줍음으로 떨리는 술잔
스스로 달아난 구석빼기
술병에 비치는 열적은 홍당무

불여우, 무릎을 넘어와
빨간 닭똥집 찍고 하는 말,
"이 옵빠 울트라캡짱 왕초볼세"

양주 한 잔에 찐쌀 한 됫박
안주 한 점에 좁쌀 한 바가지
연기처럼 사라지는 몇 달 치 식량

술 냄새 분 자국 어지러운 새벽길
비틀거리며 돌아온 낯익은 대문
순간, 번쩍이는 소리,
"들오지 마라, 꼴 보기 싫다"

- 「오일장」 전문

시는 상상의 등가물이라고 한다. 물론 좀 더 확실한 경험치에서 비롯되는 글들은 사실성이나 공감을 부르는 힘이 강력하겠지만, 한 시인이 그의 생을 통틀어 축적할 수 있는, 그래서 시적 소재로 활용할 수 있는 양은 그리 넉넉하지 않다. 그렇지만 사물이나, 현상을 통해 유추類推해 보는 상상으로 그 영역은 우주로까지 확장 시킬 수 있다. 상기 「오일장」도 시인의 시적 안테나에 잡힌 얘기를 육화한 것이거나, 아니면 시인의 박물지인 우암동 블루스에 등장하는 어느 집 아들이거나, 가장의 얘기에 가깝다. 요즘 지자체마다 특화사업으로 그 지역에서 전례 되는 오일장이 있으면 이전 명성과 활기를 되찾아 지역 경제에 보탬이 되고자 애쓰는 모습이 눈물겨울 지경이다. 시인이 유년기를 보낸 우암동에도 오일장이 있었는지 확실하지 않지만, 시에 등장하는 상황이 연출되는 모습은 농사가 국가 산업의 근간이었을 무렵의 시골장 풍경이다.

투박한 손은
움켜잡고 단숨에
나를 마셔버리죠
가슴 위 스마일도
아무 소용 없어요

때론 가녀린 손이
두 손으로 부여잡고
수십 번 입술을 가져가죠
황홀한 나는 까무러쳐

차마, 비명도 못 질러요
슬픈 손은 떨며
눈물만 흘리다가
손 한번 대지 않고 가버리죠
식어버린 속마음 가득 안고
하릴없이 제자리로 돌아와요.

다음에는 어떤 손이
날 찾을까 기다리며
마냥 입 벌리고 웃고 있죠
향긋한 입술 맞춰줄
님을 기다리면서요.

내가 사는 동안
수많은 입술 접하지만
모쪼록 믿어주세요
당신과 함께하는 순간은
당신께만 진심이니까요.

- 「카페 머그잔」 전문

   세상일 중에는 애써 만들어 가야 할 것도 있고, 저절로 만들어지는 것도 있다.
대부분의 사람은 자신이 열심히 노력하고 애쓰고 추구하면 쟁취할 수 있을 것 같은 착각 속에다 부단히 자신을 몰아넣으며 사력을 다한다. 하지만 익명성이 횡횡하는 세상에서 애씀과 노력으로 이루어지기보다는 삼라만상이 운행하는 연기법의 작용으로 저절로 되는 것들도 많이 있다. 즉, 결과는 있는데 당사자가 원인을 알 수 없는 일들이 많다는 것이다. 흔히 어제의 그것으로 오늘이 주어지고 오늘이 있기에 내일을 미루어 짐작한다는 인과응보를 말하지만 기실은 "우리가 아무것도 모른다는 것이다."

카페 머그잔처럼 순간순간 마주하는 지금만 현실이며 그곳에 스스로를 함몰시키는 몰아의 상태야말로 진실이다. 그래서 몰아의 경지에서 시가 창출된다. 그 시가 진짜다. 그래서 시에 대한 믿음을 가져야 하는 소박한 이유다. 이 시집을 읽고 있는 당신께만 진심임으로...

      수줍게 숨은 카페 *목적지나인
      희미한 추억, 꿈처럼 속삭이는 곳

      수려한 꽃길 속으로 흐드러진 봄
      희고운 윤슬, 은비늘로 숨 쉬는 곳

      화려한 노을, 금물결로 부서지고
      박새 떠난 숲속에 빈 어둠 내려도
      이화길 배꽃 향기 넘치는 그곳

      수채화 꽃별 사이로 나르는 신비
      팅커벨 요정보다 눈부신 당신
      희한한 바램, 커피 향으로 드리운 그곳

      *안성시 만정호수에 있는 카페

- 「카페 '목적지나인」 전문

경기도 중서부에 소재하는 안성시는 얘로부터 산물이 풍부했고 조선시대는 한양으로 몰려오는 물자들이 집결하는 곳이기도 했다. 연암 박지원의 소설 허생전에서도 안성을 배경으로 전국의 물산이 집결하는 것을 소개한다. 특산품으로 안성맞춤이란 용어를 탄생시킨 '안성 유기'가 유명하고 야트막한 구릉지에는 배밭이 넓게 전개되어 봄철이면 배꽃의 화사한 향기가 충만한 아름다운 고장이다. 그리고 넓은 들에 농업용수를 공급하기 위한 호수들이 곳곳에 있다. 금광호수, 청룡호수 등 비교적 큰 호수들도 있지만 시에 등장하는 만정호수는 그리 큰 규모는 아니지만 넓게 펼쳐진 배밭들이 에워싼 호수로 봄철 특히 야간에는 찾는 이들이 많은 곳으로 이름났다. 그곳에 있는 카페 '목적지 나인'은 신주쿠의 상처가 은밀히 치유되는 팅커벨의 요술 지팡이가 만드는 배꽃 향기가 별로 빛나는 밤이 소름 돋도록 아름답다.

밤과 배꽃! 아니 배꽃의 밤!

당나라 시인 두보는 그의 시 곡강曲江 마지막 부분에서 봄비에 젖은 배꽃의 처연한 아름다움을 아파했다.

"옥용적막 누난간 이화일지 춘대우
(玉容寂寞 僂欄干 梨花一枝 春帶雨)"
-옥 같은 얼굴에 눈물이 그렁그렁 배꽃 한 송이가 봄비에 젖은 듯-

시인이 우암동을 벗어나 세상으로 나왔을 때 기대하던 「기쁨, 설렘, 그리움」의 표현한 2부를 몇 편의 시를 통해 엿볼 수 있었다. 지금의 시대상을 풍자한 「로또」/「유통기한」/「혼술」/「로맨스 스캠」/「어장 관리」등이 눈길을 붙든다. 이제 삶의 여정 곳곳에 도사리는 깊은 의문들 그리고 아픔들의 장인 3부로 들어간다.

3부. 존재, 깊이, 아픔

    아침에 길 나선 신
    종일 걷고
    하루만큼 닳은 채
    저녁엔 신발장에서 편안해진다

    아침에 치장을 마친 옷
    하루 내내 타인을 만나고
    하루만치 눈치를 보다가
    저녁엔 옷걸이에 팔을 꿴다

    어느 아침 예고 없이
    홀로 떠난다면
    신과 옷은 덩그러니 남아
    있던 곳이 그들의 끝자리가 된다

    세상에서 떠난 우리
    시간 멈춘 막다른 곳에서

찬란한 새 옷 입고
끝이 없는 길을 향한다

- 「끝자리」 전문

어느 날 신발장과, 옷장에서 집을 나설 준비하던 화자는 별안간 인간 존재의 연속성에 대한 의문에 부딪힌다. 각자에게 주어진 삶의 끝자리도 모른 체 소도구로 등장하는 신, 옷으로 치장하고는 집을 나선다. 되돌아올 수 있을지 없을지를 가늠할 능력은 누구도 갖지 못한다. 또, 하루만큼 닳은 신발과 저녁에 집에 돌아와 옷걸이에 팔을 꿰고 편안해진 그 옷을 입고 다음 날 다시 집을 나설 수 있을지는 누구도 알 수 없는 것이다. 그럴 때면 신과 옷만 덩그러니 남아 삶의 끝자리를 장식할 것이다. 시간이 멈춘 그곳에서 사람은 새로운 존재를 입어 끝없는 길로 향한다는 통찰로 시인은 우리에게 하루하루를 어떻게 보내며 나의 끝자리에 무엇을 그리고 어떤 형태로 남길 것인가? 되묻고 있다.

쓰레기 만들며
쓰레기 남기는
이 여행이 끝나면

희뿌연 안경
아껴 못 입은 옷
멕기 벗긴 시계
몰래 쓴 일기

눈물로 읽은 책
보내지 못한 메모
추억 묻은 사진...
재로
먼지로
바람으로
날아가리니

열정,
믿음,
소망만 남기자

그래서 미니멀 라이프.

- 「미니멀 라이프」 전문

 시인은 3부에서 존재와 그 깊은 곳에 감춰진 아픔 등으로 고뇌의 밤을 보내며, 욕심껏 사는 게 답이 아님을 앞선 선인들이 주지의 통찰로 경계했지만, 우리는 눈에 보이는 것, 귀에 들리는 것, 향기로운 냄새, 만져지는 것, 혀를 녹이는 맛깔스러운 것에 훈습 된 것이다. 「보암직도 하고 먹음직도 하고 지혜롭게 할 만큼 아름다운 것」에 취해 실낙원의 통렬한 아픔을 잊고 사는 스스로와 세상에 읍소한다. 모두 버리고 열정/믿음/소망만 남기자고, 이 세상의 여행이 끝나는 날 내가 수집하고 남긴 것들로 자녀들이, 친구들이, 그리고 세상이 떠나간 자의 삶을 고변할 끄리이기에 생

존을 위한 최소한의 삶 「미니멀 라이프」를 노래한다.

4부. 시마詩魔

이제 마지막 4부의 문을 연다. 1, 2, 3부보다 먼저 4부부터 소개하고 싶었으나, 필자의 의도대로 마지막에 이르러서야 시에 관한 시인의 관점과 견해를 짚어보는 시간이다.

심경주 시인은 한마디로 선홍빛 피가 뚝뚝 떨어지는 날것 시인이다.

1935년~1939년까지 일본 신문의 연재 소설 중에 「요기가와 에이지」가 연재한 『미야모토 무사시』란 에도시대 초기의 실존 인물을 소설화한 작품이 있다. 소설 속의 일본은 사무라이들이 활약하던 전국시대가 막을 내리고 도쿠가와 막부가 정권을 잡아가는 과도기를 배경으로 한다. 한마디로 무사들의 이상과 현실이 충돌하던 시대였다. 주인공 무사시는 한낱 시골 무사로, 당시 쟁쟁한 일본의 유파 중 어느 곳에도 기웃거린 적이 없었고, 철저히 계급화된 전통을 따르기보다는 스스로 경험하고 길을 개척해 나간 무사였다.

「이도류二刀流」라는 양손에 칼을 들고 싸우는 독창적인 검법을 스스로 만들고 완성 시켰다. 단순한 싸움꾼이 아닌 무武의 의미, 삶의 자세, 그리고 도道를 고민한 사상가이기도 했다. 당시 전통과 계급을 내세우는 낡은 우월감에서 무사시를 깔보던 모든 유파를 찾아 「도장 깨기」를 통해 그들의 아성을 무너뜨리고 마침내 당대 최고 최대의 유파로

「염파 검술」의 고수인 「사사키 코지로」를 공식 결투를 통해 단 일격에 꺼꾸러뜨리고 더 이상의 결투를 접는다.

시인의 프로필에서 눈에 띨만한 유파流派의 흔적이 없다. 단지 사회 초년생으로 대기업에 입사했을 때 전 사원을 대상으로 「정현종」 시인이 심사위원이었던 글짓기 대회에서 장원했다고 전해 들었다. 롤러코스터 같은 삶 중 밤이면 잠 못 이루는 불면의 원인을 찾아 헤매던 끄트머리에서 소 울음을 듣게 되었고, 그 근원을 찾아 헤매다 우연한 기회에 詩를 만나게 되었다.

그것이 전부다. 그래서 그가 보는 시각에서의 시詩는 뮤즈(Muse)보다는 시마詩魔가 친숙하다. 《뉴욕타임스》 칼럼니스트며 저자인 데이비스 브룩스(David Brooks)가 쓴 「두 번째 산」 입구에 선 시인의 절규를 주목한다. 날 것의 피 맛.

    한글 익힌 아낙네가
    못 읽는 시
    시인들만의 시
    그녀들의 노래는 아니다

    낯선 낱말
    알아도 쓰잖은 비유
    고결한 시인들의
    현란한 말 잔치 향연
    그 향기 맡지 못해
    TV 앞, 글 모르는 우리 할매들

　　　　친숙한 그의 가사에
　　　　오늘도 눈물진 목이 멘다

　　　　　　-「소월을 그리며」전문

　시인은 시마詩魔의 속살을 훔쳐보면 볼수록 관습과 관례의 헤쳐 나가기 어려운 벽을 실감한다. 그때부터 「무사시」가 유파의 굴레를 거부한 것처럼 자신의 길을 만들어 간다. 산과 들에 지천으로 늘린 뮤즈의 선율에 눈 감기도 했고, '시어 사전'의 무게 있는 책을 옆구리에 끼고 살다시피 했다. 그러던 중 현존하는 유의 배타적인 오만함에 절망하다 떠난 부류를 만난다. T.V 앞에서 쉽고, 간결하면서도 심금을 흔드는 시어로 구성지게 넘기는 트로트의 열풍, 입에서 입으로 전해지는 생명 있는 시였다. 환호의 박수로 열광하는 대부분의 우리 할매들은 고결한 시인들의 에고로 감춘 은유와 명멸할 저들만의 잔치에 초대받지 못하는 국외자들이었다. 글을 몰라도, 시골 아낙네들이 설거지하면서 흥얼거리던 소월의 「엄마야 누나야」는 전래 동화처럼 지금도 애송된다.

　　　　겹겹이 빗대어 돌린
　　　　회오리 같은 단어
　　　　한시漢詩보다 난해한
　　　　고상한 그들의 시詩.
　　　　지들끼리만 아는
　　　　초월 언어의 나열

삼라만상에 걸고 걸어
무다히 세운 은유의 옹벽

문인의 무덤에
순장된 말 잔치가
살아있는 노랫말보다
뭐가 나올까

단번에 혀에 붙고
오랫동안 여운 남아
누구나 좋아하면
그게 좋은 시詩.

- 「좋은 시詩」 전문

4부의 시마詩魔는 철저한 심경주 시인의 시에 관한 에필로그다. 입문 후 어떤 게 좋은 시며 생명력이 긴 시인가 무척 고민했을 것이다. 본인도 그런 시를 쓰기 원하며 부단히 노력했을 것이다. 그렇지만 현대 시의 사조는 독자를 배격한 자신들만의 어울림 마당으로 형성되어 그 한계와 단명은 그들 스스로 판 무덤이었음을 알고는 이렇게 좋은 시에 대한 정의를 내려본다. 이 또한 시대가 형성하는 지견일단 智見一端임을 느끼면서도 종주먹을 치켜대는 것이다.

시인 수만이 있고
해마다 수백만 詩가 쓰이며

그동안 수억만의 詩가 쌓였다

고뇌와 불면
산 넘고 물 건너는 여정
몇 날 몇 밤의 기다림
간 길 몇 번이고 돌아와서
마침내 마음이 허락한 詩

묻혀서 잊히면
썩은 낙엽이 기억해 줄까
바람에 실었던 시퍼런 고백들을.

- 「詩와 낙엽」 전문

마지막 부분에 이르러 시인은 불확실한 시의 운명과 한편 한편이 말할 수 없는 인고忍苦의 시간을 통해 탄생한 시퍼런 고백들이 땅에 묻히면 썩어지는 낙엽처럼 세인들의 기억에서 지워지는 현실을 아파한다.

고뇌와 불면/산 넘고 물 건너는 여정/몇 날 몇 밤의 기다림/간 길 몇 번이고 돌아와서/ 마침내 마음이 허락한 詩

- 「詩와 낙엽」 부분

「챗지피티」에 의뢰하면 기성 시인들보다 훨씬 조화롭고

매혹적인 시를 양산할 수 있는 AI 시대에 과연 시인들이 시라 불릴 수 있는 진정한 시를 남길 수 있는 시간은 얼마나 될까. 4부에서 느끼는 심경주 시인의 고민은 세상 모든 시인에게 던지는 화두話頭다.

   심경주 시인의 첫 시집 『우암동 블루스』의 면면을 살핀 행복한 시간이었다. 새롭고 신선한 것은 언제나 설렘과 희망을 준다. 날 것 같은 신인의 풋풋함이 앞으로 펼쳐갈 지평의 한계를 유추해 보는 즐거움으로 졸평拙評을 닫는다.

   첫 시집의 고고성呱呱聲을 축하하며 심경주 유파의 대성을 기대한다.